Hermann Reimer

Unsere Walheimat Reche Obersteinbeck

11.11.2020

Inhaltsverzeichnis:

Ungefähr so, wie auf dem Buchumschlag Cava, fühlt Man sich an einigen Momenten, dem so nicht einfachem Schritt, während einer Völkerwanderung, auch wenn es Deutsch zu Deutsch heißt.

Vorwort: Den Blick zum Ursprung, zeigt diese Aufführung.
Zum Jubiläum Deutsche in Russland wurde eine Theateraufführung über die Kindheit und Jugend der zukünftigen Kaiserin Katharina II. „**Die Große! Mit Liebe, Katharina**" unter Regie von Dajana Zhukotskaya (Engels) präsentiert.
Am 11. Juni 2019.

Unsere Walheimat, Recke - Obersteinbeck 1991 – 2020 - ....

Es war in diesem Sommer ein besonders heißer Tag. Im Golf 2 ließ es sich aber gut aushalten. Der Tross aus drei Autos bewegte sich flott von Waldbröl Richtung Recke, im Norden NRW. Irgendwann waren alle dann auf dem Parkplatz vor dem neuerbauten Rathaus Recke. Herr Hagemann vom Ordnungsamt, kam mit seinen großen Schritten flott auf uns zu, begrüßte jeden mit einem kräftigen Händedruck und sagte kurz wie es so seine Art war, dann wollen wir mal. Ungefähr wussten wir wohin es geht, aber orientieren konnte man sich noch nicht, da wir nur einmal bei der Besichtigung der Wohnungen da gewesen waren. Es waren die Orte Steinbeck und Obersteinbeck, wo wir jetzt in Deutschland laut Vorschrift, drei Jahre leben sollten. So haben wir uns dann Später mit der Zeit langsam hier am Standort Recke - Obersteinbeck eingelebt, eingearbeitet. Endgültig sind wir und unsre Kinder hier auch nach 30 Jahren, noch nicht ganz zuhause, obwohl Fühlen tun wir uns am Mittellandkanal schon Pudelwohl. Ist Wahrscheinlich der Jo. Jo Effekt, der überall in der Zeit und Welt gleich ist. Wo Geboren da gebraucht, wo zuhause da gebraucht und nicht anders. Nach All meiner Wanderung, Länder – Mentalitätswelten, Europa – Asien, Asien – Europa lernt man verschiedene Fassetten der Menschenkunde kennen und sammelt, und sammelt?

Von Vivi Lui, estnische Schriftstellerin „Je mehr Punkte auf der Welt du kennen lernst, je schneller begreifst du, dass Jeder Ort gleich wichtig ist, dass überall die Heimat von jemandem und Dir ist.

Einfache Betrachtung, der Realität.

Guten Morgen Obersteinbeck! Bevor ich unsere Zufriedenheit zum heutigen Ortsleben, als dazugekommene vor 30 Jahre, positiv und heuchlerisch schildere, wollen wir mal meine lieben das Wünschenswehrte, was für euch schon immer gewöhnlich und stink normal war und ist, langsam und behutsam Zerkauen und Durchnehmen.

Hermann Reimer, geboren 1949 – Süd Ural – Russland: Ausgewandert nach Deutschland – Heimkehr - 1990, mit Frau Vera, Sohn Alexander und Tochter Diana.

Erster Störfaktor und Orte Markenzeichen: Die Schiffs Glocke am Schulhof, die hat uns und die Umgebung öfters mitten in der Nacht aus dem Schlaf geholt. Keine Bange - **ist schon erledigt – Hurra für uns Nachbarn, aber nicht für <u>die</u> eingeschulte Erstklässler - die Bußfahrer?**

Zweitens: Das ein großer Teil der Mitbewohner, besonders Ortskinder, es irgendwie NICHT Alle Richtig gelernt haben das man unbekannte oder auch ältere Menschen im Ort bei Begegnungen einfach Grüßen darf; einfach – muss mal – zu schüchtern, oder? **Traurig, aber war!**

Die Grönländische Sage-Bemerkung. Es braucht ein ganzes Dorf, um ein Kind zu erziehen.

Drittens: Karneval Musick - Pegel zu LAUT, aber scheint so niemand Verständnis hat die Regler gegen Morgen ein wenig zurückzudrehen, lass den Doktor sich doch auch Freuen. **Tinnitus!**

Und noch Einer einfache Bemerkung: Die Haselnuss an der Hauptstraße. Alle Sehen es wie die Eichhörnchen langsam verschwinden, aber?

Und noch Einer: Die streunende, oder entlaufene Hunde entlang der Hundemaile am Kanal – **nicht gut!**

Sonst alles Gut, wen nicht noch die Laterne an der Straße beim Frisörgeschäft Büscher, die es uns irgendwann mal angetan hatte und nur 1200 Mark kostete. (Sie lief unserem Jungen zufällig über die Straße). Hervorragend wie auch der Arzt immer wieder Ermuntert. Danke - Gemeindeverwaltung Herr....., gut gelungene Art der Einfühlsamkeit gegenüber dem einfachen – steuerzahlenden Bürger von irgendwo.

Sie blieb in Vollfunktion nur leicht geneigt. **Nur zurechtrücken, aber?**

11.11.2019. Euer Hermann aus Obersteinbeck.

Frage mich, was bringt mich einfachem Menschen, der seit der Geburt und bis in die Gegenwart immer wieder zweispurig durchs Leben gehen musste, zu der Überlegung. Was ist in den Welten und der Zeit, in denen bzw. der ich und meiner Mitmenschen lebten und Heut noch leben, hoffentlich auch zukünftig leben werden, faul ist und wieso?

Politisch gebildet bin ich kaum, Parteizugehörigkeit keine, Theologe auch nicht. Nur ein einfacher Mensch wie die meisten. Bin Gottesfürchtig. Zweiter Bildungsweg mit viel Lebenserfahrung und Zeuge guten Erziehung.

Die Weitsichtigkeit die ich in mir entdeckte und die mich immer wieder zur Überlegung bringt, ist höchstwahrscheinlich der oben erwähne zweispurige Lebenslauf mit dem ich gesegnet wurde.

Kurz zu unserer Herkunft. Geschichtlich sind unsere Vorfahren aus der Ecke - Tecklenburger Grafschaft - damals Holland, gekommen. Danach immer wieder aus konfessionellen und wirtschaftlichen Gründen weitergezogen. Ostpreußen - Königsberg (60) - auf Befehl des preußischen Königs, dann die Ukraine (100) - per Einladung Katarina die Große, die damals Russland regierte, danach ins Landesinnere Russlands, Gebiet Samara (100). Nach 260 Jahren gelang dann dank Perestrojka die Heimkehr nach Deutschland.

Jeder neue Weg, auch Neuanfang ist schwer und bringt auch Gefahren mit sich. Vor Hindernissen sollte man aber nicht zurückschrecken, denn Steine können einem immer wieder in den Weg gelegt werden. Dennoch, wenn man einem Weg nicht geht, wird es auf diesem auch nicht zu entdecken und zu gewinnen geben. Man wird zum Stillstand verdammt. In der Historie -Entwicklungsgeschichte, der Menschen ist es genauso gestaltet, nur Zahlt für die Fehler die Allgemeinheit und ihre umgebende Natur. Die Gesellschaft - Menschheit, die Welt musste sich vor Überraschungen bewahren, bzw. bedacht diesem vorausschauend entgegenwirken. Es musste eine Bekehrung stattfinden bzw. einer Rückkehr an den Punk geben, wo bewerte Werte noch ein Wert hatten. Um unsere Zukunft neu auszurichten, braucht es Mut und starke Visionen.

In den 60er Jahren wurde in den Schulen wieder in deutscher Sprache unterrichtet, allerdings nur als Fremdsprache. Danke unserer Lehrerin Natalie Friesen konnten wir von der zweiten Klasse an vier Stunden in der Woche Deutsch lernen. Sie hatte es mit einer Gruppe von Deutschlehrern, auch der Deutschsprachigen Zeitung in Moskau „Neues Leben" durchgesetzt, dass spezielle Bücher für den weiterführenden Deutschunterricht für Volksdeutsche in Russland gedruckt wurden. Langsam und behutsam baute sie in uns das Selbstbewusstsein und den Stolz ein deutscher zu sein, wieder auf. So geschickt, dass es niemand merkte, nicht mal wir selber. Neben dem vorgeschriebenen Lehrstoff haben wir mit ihr mehrere klassische Werke von Schiller und Goethe durchgenommen, Volkslieder und Geschichten die man oft in Deutschland hört, gelernt. Am Laufe der Jahre, in den 60er, 70er, wurde das Feindbild, das die russische Umgebung von der deutschen Bevölkerung hatte, langsam abgebaut. Die Deutschen durften wieder studieren und es gab wieder den Mut, und die Bewegung unter den progressiven Studenten die deutsche Republik an der Wolga aufzubauen. Diese Bewegung wurde allerdings von der Staatssicherheit sofort gestoppt. Die Initiatoren wurden verhaftet und vom Studium ausgeschlossen. Die es dann noch nicht glauben konnten, kamen ins Gefängnis. Nach dem Ende des kalten Krieges, als Gorbatschow und die Regierung Deutschland die

Vereinbarung getroffen hatten, dass alle Deutschen in ihre ursprüngliche Heimat zurückkehren dürften, haben die meisten Diese Möglichkeit genutzt. *__Wer sehnte sich nach Einer besseren Zukunft, wer suchte die Freiheit dem christlichen Glauben nachzugehen, wer wollte dem Horror der Vergangenheit entkommen und alle zusammen wollen unermüdlich ihren Kindern ihre verlorene Heimat zurückgeben.__*

Die Versammlung der Deutschen in Moskau im Jahre 1989, wo Deutsche Vertreter aus allen Regionen Russlands zusammengekommen waren, zeigte wieder deutlich wo es lang ging. Die Regierung Russlands zeigte eindeutig, dass sie weder Zeit noch Interesse für die Probleme und gelang der Deutschen ihres Landes hatte. Der Vertreter Deutschlands, Horst Waffenschmied (CDU), sagte deutlich das nach dem Bundesgesetz alle Deutschen über das Recht verfügten in die Heimat ihre Vorfahren zurückkehren, und Art willkommen sein. Natürlich hat die Geschichte ihre Spuren in dem Schicksal dieser Heimkehrer hinterlassen, und sie sind bestimmt nicht ganz so wie man sie in Deutschland heute gerne sehen möchte. Man hat es immer wieder versucht, sie als Deutschen Volk auszulöschen, denen ihre Identität und Muttersprache zunehmen, sie sind oft genug erniedrigt, missbraucht und misshandelt worden. All Diese Schicksal Schläge waren die Vergeltung für das, dass sie sich einstmals von ihrer Heimat getrennt hatten. Man dürfe ihnen heute ein wenig mehr Verständnis und Zuneigung schenken. Sie brauchen Rat, sie brauchen Kontakte zu den einheimischen, sie brauchen das eindeutige Gefühl, ein Deutscher in Deutschland zu sein, was viele Einheimische überhaupt nicht schätzen oder einfach nicht verstehen wollen, oder können. Wie viel Lebenserfahrung und Optimismus haben diese Menschen mitgebracht, wie viel Mut haben sie bei ihrem Neuanfang gezeigt. Man sollte sich im Umgang mit ihnen niemals den Ausdruck

„du Russe" erlauben. Viel zu viel haben diese Menschen, um ihre deutsche Identität in der Fremde zu bewahren, ertragen und aushalten müssen. Nur aus diesem einzigen Grunde reagieren sie aggressiv und empfinden verspüren solche Ausdrücke als Beleidigung, nicht weil sie die Russen hassen. Derjenige der intelligent genug ist, kann es nachvollziehen und weiß genau, von wo und weshalb der Antagonismus zwischen den Wörtern (Deutscher und Russe) im zwanzigsten Jahrhundert überhaupt gekommen ist.

Die Situation unseres Einlebens *war erstmal die, die in einer Wohlstandsgesellschaft zu Fremden so ist, abweisend und von Gleichgültigkeit geprägt. Irgendwann hatte einer und der andere im Schuppen was von abgenutztem Möbelzeug, aber nicht mehr, war uns auch verständlich und die Glücksgefühle überströmten uns. Wir kauften uns vom ersten Lohn einen günstigen Anhänger bei OBI, und fuhren in der Nacht durch die Gegend, dursuchten den Speermüll. Wegwerfgesellschaft - gute Errungenschaft der fortgeschrittenen Gesellschaft. ***So wurden wir dann langsam, aber sicher, Sesshaft und Reich?****

Heute freut man sich*, aber damals musste man einfach durch. Minderwertigkeit Gefühl und Demut wurden unser ständiger Begleiter. Die Kinder gingen zur Schule. Diese war in der Nachbarschaft und erzeigte Viel Lärm und Unruhe, aber Gott sei Dank auch Leben und Bewegung. Aber kaum jemand der Einheimischen hat mal einfach, nur so aus Neugierde an die Tür geklingelt und einfach gefragt - ob vielleicht? Irgendwann, wurde ich dann doch vom Hausmeister der Schule Herr Bar, eingeladen. Da war plötzlich noch ein Mann und ich wurde von denen gründlich ausgeforscht. Die Vertreter der Obersteinbecker, schütteten mehrmals nach und verwöhnten mich auf ihre Art, als ob sie testeten wollten, kann das doch ein Russe sein? Verwöhnt und immer wieder befragt wurde das Gespräch langsam lockerer, und die- wie, was und wo- Fragen bombardierten mich, und alle zeigten Glücklich zu sein. So hatte ich damals die ersten Freunde als Begrüßungskomitee in*

Obersteinbeck gewonnen. Eines Tages kam auch noch eine nette Dame von der Ibbenbürener Volkszeitung. Sie stellte sich vor als Frau Ruhol, die in Ort wie wir später erfuhren lebten; die Befragte uns, machte Fotos und unserem Einleben in Deutschland – Obersteinbeck, und unser Kampf für Base, neue Heimat war gesichert. Da sagte ich damals den spontanen Spruch, der in der Zeitung vorkam „Im Herzen waren wir schon lange hier". Damit wussten All das es uns überhaupt in Obersteinbeck gibt, aber die Fragen - wo, wie und was - bleiben bis heute noch für Viele ein Rätzel.

<u>Überheblichkeit, mentale schwäche an Allgemeinwissen, oder?</u>

Keine Bange - Sind selber gegenüber Fremden so gewesen, wo wir noch im vertrauten Umfeld in Russland zuhause, in unserem Geburtsort lebten.

Irgendwann mal meinte Herr Bertram Bar ich konnte jedoch dem Schützenverein beitreten, damit gut in der Gemeinschaft ankommen. Ich fuhr kürzlich zum damaligen Vorsitzenden nachhause, meldete den Wunsch. Hat aber nicht sein wollten, so sind wir für die nächste Jahre einfache (Albinos) Am Ort geblieben. Es gab aber damals für uns auch schon gute - positive Bekanntschaften. Viele sachhafte und gute Ratschläge dem Hauskauf, im Jahre 1993 bekam ich von Opa Forsthofer aus der Nachbarschaft. Der gute ältere Mann war in allem einfach hilfsbereit und Ehrlich - dank dir Opa.

Irgendwann mal, am ersten Elternsprechtag im Dezember 1991 stand ich einfach auf und berichtete über unsere Herkunft, und Ziele; zuerst in plattdeutsch und danach in gebrochenem hochdeutsch. Alle anwesenden Damen und zwei Papas waren Baff, und das hat uns Neulingen die lange Aufklärungsrechtsfertigungen bedeutend erspart.

Die Flucht und Heimkehr.

Am 17 April 1990 bekamen wir von meinen Onkel Gerhard Derksen, aus Deutschland, eine Einladung zu Besuch.

Da wir Keine Geschwister in Deutschland zu der Zeit hatten, die uns eine Einladung zur Familienzusammenführung machen konnten, beschlossen wir diesen Besuch zu machen, um für immer da zu

bleiben. Zu der Zeit war es noch schwierig auszuwandern, wenn man
Keine Familienangehörige in Deutschland hatte. Ich war nur froh das
Mutter es noch erlebt hatte, es zu wissen das wir nach Deutschland
auswandern werden. Sie hat doch so oft gesagt, da gehören wir hin.
Die Vorbereitungen wurden heimlich getroffen, obwohl die
Geheimhaltung äußerst schwer war. Immer wieder wurden wir auf
verschiedenen Wegen gefragt-ausgeforscht „Wollt ihr wirklich nicht
dableiben?". Ich tarnte mich, wie ich nur konnte. Es ging so weit,
dass ich wie es normalerweise sein wollte auch ein Rückfahrtticket
für die Rückfahrt kaufte, anders hätten sie uns an der Grenze
gestoppt.

Wir packten nur das Notwendigste, machten am letzten Abend vor der
Abfahrt mit den Verwandten und Freunden eine kurze Abschiedsfeier
und reisten am 03.12.1990 Übernacht ab. Mit zwei PKW, wurden wir
nach Sorochinsk zum Bahnhof gebracht und reisten mit den
Verwandten, die uns bis nach Moskau begleiteten, ab. Dort fuhren wir
die U-Bahn (Metro) zu einem anderen Bahnhof, von wo wir abreisen
wollten. Die Fahrkarten hatte ich hier in Moskau vor zwei Wochen
gebucht. Am Abend fuhren wir mit Alexander noch zum Roten Platz.
Ich wollte Ihm die Gelegenheit geben, den „Mittelpunkt - dieser
Welt", die wir verließen, noch einmal mit eigenen Augen sehen
lassen.

**Spät in der Nacht stiegen wir dann in den Zug Moskau – Paris
ein, und am 06.12.1990 waren wir dann in Deutschland.** In einem
anderen Wagon unseres Zuges fuhren die Verwandten, die uns bis
nach Brest, bis zur polnischen Grenze begleiteten. Das waren die
Geschwister von Vera - Alexander, Woldemar, Paul und Tanja mit
ihrem Man Löscha aus Orenburg. Die begleiteten uns nur bis nach
Moskau. Die Grenze zu BRD passierten wir in Berlin, obwohl sie
damals nur noch symbolisch war, war das für uns noch die Grenze
zwischen zweie Welten. In Hamm kamen wir um Mitternacht (11.45
Uhr) an, stiegen aus und standen jetzt alleine auf dem Bahnsteig. Es
brauste ein kalter Wind, rundum glänzten die Reklamen, kein Mensch

war weit und breit zu sehen. Die Kinder, aus dem Schlaf gerissen, drückten sich ängstlich an Mutter. Ich ging zur Telefonzelle und wollte den Onkel Gerhard anrufen, aber es klappte irgendwie nicht. Die zwei Eine-Mark-Münzen, die Onkel uns mit seinem Schwiegersohn Jakob Fast geschickt Hatte, fielen immer wieder durch, der Automat wollte sie einfach nicht schlucken. Dann ging ich hinunter in den Tunnel Übergang Richtung Bahnhof. Plötzlich sah ich Onkel Gerhard mit noch jemandem. Wie sich später erwies war das Tante Agathas Bruder Heinrich Kliwer. Sie hatten es eilig und entfernten sich von mir. Ich lief los und schrie ihnen nach, als ob man mich gleich töten würde. Sie wandten sich um und kamen mir schnell und fröhlich entgegen. Die ersehnte Rettung war da, wir umarmten uns und gingen aufgeregt und glücklich nach oben zu den Bahnsteigen, wo noch jemand auf Rettung wartete. Dort holten wir Vera mit den Kindern ab, packten die vier Koffer und die eine Tasche, die wir hatten, in die Autos und fuhren nach Freckenhorst, der ungewissen Zukunft entgegen. Als wir in Warendorf - Freckenhorst ankamen, wurden wir dort schon von der Tante Agatha und Kusine Lida sehnsüchtig erwartet. Wir wurden herzlich aufgenommen, unterhielten uns kurz, aßen ein wenig und gingen schlafen. Am nächsten Tag, das war ein Sonntag, gingen wir alle zusammen in die Kirche, wo es viele bekannte zu sehen gab. Montags früh machten wir uns dann auf den Weg nach Bramsche - Hesepe ins Aufnahmelager für Aussiedler, um uns anzumelden. Onkel Gerhard meldete uns und wir mussten im Aufenthaltsraum warten. Als unsere Nummer, die wir vorher gezogen hatten, auf dem Bildschirm erschien, gingen wir hinein. Im Zimmer wurden wir freundlich begrüßt und durften uns setzen. Der Beamte, Herr Bode erläuterte auf meine Frage, dass wir zuerst eine Aufnahmebescheinigung haben müssten, die unsere deutsche Identität nachweist. Darauf sagte ich ihm, dass unser Antrag bei der Behörde in Köln eingegangen sei und dass ich die Nummernbestätigung habe. Das reiche aber noch nicht aus, meinte er und klickte den Computer an, auf dem Bildschirm erschienen unsere

Namen. Ich atmete erleichtert auf, aber es war voreilig, denn es dauerte noch einen ganzen Monat, bis wir unsere Aufenthaltserlaubnis bekamen. Uns wurde erklärt, dass es nach dem neuen Einwanderungsgesetz nur eine Möglichkeit für uns gebe, hier in Deutschland zu bleiben. Eine der vier Personen müsse ernsthaft erkrankt sein und das musste von einem hiesigen Arzt bestätigt werden. Ich sagte sofort, dass es so eine Person gebe, dass ich vor kurzer Zeit einen Unfall gehabt habe und dadurch verletzt worden sei. So verblieben wir und fuhren zurück nach Freckenhorst. Der Fall bestätigte sich und wir bekamen nach zwei Tagen die ärztliche Bescheinigung, dass ich behandelt werden müsse. Als wir dann wieder nach Bramsche kamen, wurden wir sofort aufgenommen und bekamen unsere Plätze im Lager. Das war ein Zimmer mit acht Etagenbetten. Die Menschen wechselten ständig und wir saßen und warteten jetzt auf die Aufnahmebescheinigung vom Land Nordrhein-Westfalen. Es dauerte Wochen, draußen regnete es und es war stürmisch. Wir waren aber im warmen und wurden verpflegt. Es gab gutes Essen, Besuche von verschiedenen christlichen Missionen, die uns aufklärten, wie es weiter gehen konnte, den wir an die andocken würden, und eine Geschichte war besser wie die andere. An einem Wochenende holten uns unsere Verwandten zu sich nach Bielefeld, wo wir bei der Cousine Elisabeth Neufeld und der Tante Katharina Worms gut die Zeit verbrachten. Zu Silvester waren wir dann bei der anderen Cousine Katharina Isaak und ihrem Mann Willi und feierten zum ersten Mal im Leben mit Feuerwerk den Jahreswechsel. Kurz vor Weihnachten wurde auf dem Lagerplatz ein riesiges Zelt aufgebaut und wir alle, die zu der Zeit im Lager waren, wurden zu einer Weihnachtsfeier eingeladen. Es gab da auch einen Weihnachtsmann mit dem alle Kinder lustig um den Tannenbaum tanzten. Alle bekamen eine Tüte mit Süßigkeiten und Gutscheine für gespendetes Spielzeug, das an mehreren Ständen verteilt wurde. Von der Bundesregierung wurden alle herzlich begrüßt und es wurde mehrmals betont, dass wir in der Heimat unserer Vorfahren herzlich willkommen seien. Bis spät in die Nacht durften die Kinder umsonst Karussell fahren. So etwas hatten sie noch nie erlebt und ihre Augen strahlten begeistert und glücklich. Eines Morgens, als wir auf dem Weg zum Frühstück waren, hörten wir auf dem Kinderspielplatz neben unserem Gebäude N12 Aufregung. Ein Mann hatte sich auf einer Kinderschaukel erhängt. Ihm war die Aufenthaltserlaubnis verweigert worden. Wahrscheinlich ist er mit dieser Tatsache nicht klargekommen, womit jeder Aussiedler konfrontiert wird, wenn irgendwelche Zweifel bei den Behörden auftauchen. Am 12. Januar hatte das Land Nordrhein-Westfalen unsere Aufnahme endlich bewilligt. Wir bekamen vom Staat 200 Mark Begrüßungsgeld und wurden ins Übergangslager Unna-Massen verlegt. Dort wurden zwei Wochenlang alle Formalitäten mit den Unterlagen geregelt. Wir bekamen vom Hausmeister eine Bratpfanne, einen Kochtopf, und ein Zimmer mit zwei Etagenbetten zugeteilt. Endlich konnten wir uns mal eine Suppe kochen und ein wenig beruhigen. Am schwersten war das Einkaufen. Solche Vielfalt verschiedener Nahrungsmittel brachte uns ganz durcheinander. Es gab oft einen Besuch von unseren Landsleuten, die schon eine Weile in Deutschland lebten. Wir wurden sogar von einigen an den Wochenenden abgeholt. Ende Januar wurden wir aufgrund unseres Antrags nach Waldbröl ins Sprachzentrum des Landes NRW überführt. Dort mieteten wir eine Zweizimmer-Wohnung und machten einen Sprachlehrgang. Die Kinder gingen in die Schule und waren den Rest des Tages im Internat untergebracht. Bei der Ankunft im Sprachzentrum bekamen wir eine Begrüßungssuppe und danach gab es einen Sprachtest. Nach dem Ergebnis dieses Testes wurden wir in drei Klassen, A, B, C, eingeteilt. Da ich Vera beim Test geholfen hatte, hatte sie fast besser abgeschnitten als ich. Ich wollte aber nicht, dass wir in einer Gruppe unterrichtet werden und machte den Vorschlag, in getrennte Gruppen zu gehen. Dann wurde sie in die Gruppe B eingestuft und ich in die A für Fortgeschrittene. Der Unterricht wurde sehr intensiv und erfolgreich betrieben. Da die Lehrer sehr anspruchsvoll waren, frischten wir unser Deutsch gründlich auf. Hier haben wir vieles dazugelernt und Lebenserfahrung gesammelt, die Deutschland uns bot. Wir hatten oft Wochenseminare in denen Politik, Finanzberatung und das Rechtswesen in Deutschland studiert wurden. Wir waren in Köln, in Bonn, in zahlreichen Museen, im Bundestag. Anfang des Sommers bemühte ich mich um unsere weitere Unterkunft. Da wir nach zehn Monaten das Sprachzentrum verlassen sollten, machte ich mir Sorgen um unseren zukünftigen Wohnort. Wir schlossen uns auf meinen Vorschlag mit einem Nikolaj Sergunow zusammen, der einen PKW hatte, und fuhren auf Wohnungssuche. Ich sprach einigermaßen Deutsch und er fuhr. So sind wir innerhalb eines Monats dreimal in den Raum Warendorf, Ibbenbüren, Rheine gefahren. Wir besuchten einfach alle Städte und Gemeinden, eine nach der anderen, die auf dem Weg lagen und fragten nach, ob es überhaupt irgendeine Möglichkeit und Interesse gebe, uns aufzunehmen. Insgesamt besuchten wir 34 Städte und Gemeinden, darunter drei bis vier, in denen man eindeutig feststellen konnte, dass wir wirklich willkommen waren. In Gronau und Fürstenau wurden uns Notwohnungen angeboten. In der Gemeinde Recke konnten wir sogar Wohnungen beziehen, die in zwei Monaten fertig sein sollten. Einen Monat später, im Juni, wurden wir zu einem Besichtigungstermin nach Recke eingeladen. Es war ein Haus mit sechs Wohnungen, wovon noch drei zur Verfügung standen, in die wir eventuell einziehen könnten. Mit dem Vermieter Siegbert beschlossen wir, dass die Zweizimmer-Wohnung unten an uns gehen sollte, die im zweiten Obergeschoss an Sergunow und für die dritte die Ein Zimmer Wohnung würde ich jemanden in Waldbröl finden. Das wurde später dann die Wohnung der Familie Müller, die auf mein Angebot zusagte. Inzwischen waren unsere Freunde, die Familie Nachtigal, aus Russland nachgerückt. Als sie erfuhren, dass wir eine Wohnung gefunden hatten, baten sie mich, auch für sie etwas zu finden. Sie lebten damals in der Nähe von Warendorf in einer Notwohnung. Als ich bei der Gemeinde nachfragte, sagte Herr Hagemann vom

Ordnungsamt der uns betreute, dass es später wahrscheinlich noch eine Wohnung geben werde, aber in einem Altbau in Obersteinbeck. Nach einer unangenehmen Auseinandersetzung mit Frau Sergunow entschied ich mich, unsere Wohnung den Nachtigal zu überlassen und wir würden dann später eine andere finden. So schlossen wir damals drei Mietverträge bei den Siegberts ab. Als wir von dieser Tour nach Waldbröl zurückkamen, war Vera von meiner Entscheidung durchaus nicht so begeistert, aber drei Wochen später hatten wir auch unseren Mietvertrag. Die Haushälfte in Obersteinbeck, die wir anmieteten, gehörte der Gemeinde und stand neben der Schule, wo unsere Kinder lernen sollten. Meine Geduld und Opferbereitschaft hatten sich, wie sich später erwies, ausgezahlt. Am 01.08.1991 zogen wir von Waldbröl nach Recke. Das waren die ersten fünf Aussiedlerfamilien, die sich hier aus Russland ansiedelten.

Hermann und Vera Reimer - Sohn Alexander, Tochter Diana.

Nikolaj und Irina Sergunow - Tochter Olga, Sohn Denis.
Konstantin und Anna Müller - Tochter Inna.
David und Eleonore Nachtigal - Sohn Eugen, Tochter Nelli.

Wie wir später erfuhren, hatte sich kurz vor uns auch noch eine Frau Wiebe mit ihren Kindern hier niedergelassen. Da unser Sprachkurs in Waldbröl wegen unseres Umzugs unterbrochen wurde, bekamen wir noch fünf Monate Unterricht in Ibbenbüren. Es waren aufregende und hektische Zeiten, es mussten sämtliche Anträge gestellt und eine Menge Papierkram erledigt, was viel Zeit in Anspruch nahm. Die Wohnungen im Siegberts Haus waren in einem Neubau und mussten tapeziert werden, die Teppiche mussten verlegt, die Decken gestrichen werden. Unsere Wohnung war vom Vormieter ganz heruntergewirtschaftet und musste gründlich saniert werden. Wir zogen ein und hatten nicht einmal einen Tisch, keinen Herd, keinen Kühlschrank, keine Küche. Es gab nur ein paar alte Möbel, die von den alten Mietern dagelassen worden waren. Die Verwandten aus

Bielefeld brachten uns einen Tapeziertisch und schenkten uns einen neuen Kochtopf. An diesem Tisch wurde gearbeitet und auch gegessen. Von den Nachbarn, von den Voigts, die in der anderen Haushälfte lebten, konnten wir uns eine Kochplatte borgen. So lustig haben wir angefangen und unser Optimismus kannte keine Grenzen, alles klappte hervorragend und wir waren glücklich, mit dem, was wir hatten. Als die Wohnung notdürftig repariert war, nahmen wir einen Kredit von 7000 DM auf und kauften uns bei Wimeler eine Küche für 2000, eine Essecke für 700 und mit den restlichen 4000 bezahlten wir die Schulden für das Auto bei Onkel Gerhard. Alle anderen Möbel, die wir noch brauchten, wurden vom Sperrmüll gesammelt, verschönert und noch viele Jahre genutzt. Die Nachbarn, die Neumanns gaben uns einige gebrauchte Küchenschränke, einen Kleiderschrank für den Flur. Von den Voigts gab es zwei alte Tische und einen Kleiderschrank fürs Kinderzimmer. Die Gemeinde brachte gebrauchte Sessel und ein Sofa. Ich bekam ein altes Holländer-Fahrrad. Im August 1992 machte ich eine Schweißer Prüfung bei der Handwerkskammer in Ibbenbüren und fand eine Arbeit bei der Firma „Kock und Sohn" in Schale. Zum Winter klappte es auch bei Vera mit der Arbeit, sie wurde bei der Schönheitsfarm „Lisa" Recke tätig. Die Zeit der Arbeitssuche war die schwierigste Zeit für uns. So etwas konnten wir überhaupt schwer verstehen und nachvollziehen, ohne Arbeit zu sein. Nach monatelanger Suche, in der man sich ratlos und aufgeschmissen fühlte, wurden wir dann endlich durch Anzeigen und zahlreiche Bewerbungen tätig. Wir hatten beide schon einmal etwas Besseres getan, machten uns aber bewusst klein und opferten all das, was hinter uns lag, um in der Zukunft mit unseren Kindern groß und stolz zu werden.

Im Laufe der Jahre wechselten die Kinder die Schule. Alexander ging auf die Hauptschule, Diana auf die Realschule, eine andere Empfehlung gab es von dem lieben Herrn Lessel, dem Direktor der Grundschule, einfach nicht. Er bearbeitete mich monatelang und versuchte mich zu überzeugen, dass Diana auch wie Alexander auf die Hauptschule gehen sollte, obwohl sie gute Noten hatte. Ich bestand immer wieder darauf, dass sie nur auf die Realschule gehen werde. Er äußerte sich dann aufgewühlt „Meine Tochter geht auch auf die Sonderschule und wieso meinen Sie, dass Ihre auf die Realschule gehen muss, wer sind Sie denn." Am Ende schrieb er dann in die Empfehlung „Könnte für die Realschule geeignet sein?". Wir alle standen vor einem großen Problem: das Vertrauen und Verständnis der Hiesigen zu gewinnen, um unsere intellektuellen Fähigkeiten zu bestätigen und zu beweisen. Die meisten von ihnen sahen in uns einen Teil ihrer Probleme, da die Konkurrenz um die Arbeitsplätze und die günstigen Mietwohnungen zunahm, aber über die Vorteile, die sie durch uns hatten, wurde geschwiegen. Die Renten wurden sicherer, die schwerste und dreckigste Arbeit machten wir, besonders auf dem Bau: Putzarbeit, Krankenpflege, Lackierer, Schweißer und so weiter. Die Kinder kamen oft von der Schule und sagten, dass sie von den Schulkameraden als Russen beschimpft worden seien, besonders wenn sie bessere Zensuren hatten oder in irgendeinem Bereich besser waren. Als ich den zweiten Monat in Arbeit war, sagte zu mir ein Klugscheißer der 20 bis 25 Jahre jünger war als ich, ein Jürgen Lünemann „Ausländer raus". Ich tat erst einmal so als ob ich das überhört hätte, aber bei der nächsten Gelegenheit klärte ich ihn öffentlich auf, erstmals brachte ich ihm bei, jeden Tag, wie es bei intelligenten und gut erzogenen Menschen die Regel ist, „Guten Tag" zu sagen. Als Zweites klärte ich ihn auf, dass ich komischerweise zwei Mal im Vergleich zu ihm Deutscher sei, einmal in Russland, wo in meinem Pass „Nationalität Deutsch" eingetragen war, und das zweite Mal im deutschen Personalausweis. Den Kindern zu Hause erklärte ich, dass solche Zwischenfälle nur Einzelfälle seien und dass man solche Menschen einfach nicht ernst nehmen solle, dass solches Benehmen nur einen Mangel an ordentlicher Erziehung und Intelligenz beweise. Trotz einiger Schwierigkeiten lebten wir uns schnell ein, da wir genau wussten, wer wir sind und weshalb wir hierhergekommen sind. Unsere Identität brauchten wir nicht nachzuweisen, die Geschichte hatte es für uns getan. Und wenn jemand auf unser perfektes Plattdeutsch neidisch ist, oder es nicht versteht, der muss damit leben und Schlussfolgerungen für sich daraus ziehen. Inzwischen wurde das Haus Töddenweg 29, welches wir mit unseren Nachbarn der Familie Voigt bei der Gemeinde mieteten, zum Verkauf ausgeschrieben. Nach einiger Überlegung bewarben wir uns am 11.01.1993 um unsere Haushälfte. Die Nachbarn äußerten sich, dass sie auch ihre Haushälfte kaufen wollten. Am 15.03.hatte der Hauptausschuss der Gemeinde die Entscheidung getroffen, dass jeder von uns seine Haushälfte kaufen könne. Plötzlich, beim Bäume schneiden, äußerte sich der liebe Nachbar, dass er das ganze Haus kaufen werde und dass das wohl schon entschieden sei. Wir könnten ja bei ihm in Miete leben, da wir sowieso kein Geld für den Kauf hätten. Wir waren empört und sprachlos, als nach der Entscheidung des Gemeinderates am 25.03.1993, für uns unerwartet, das ganze Gebäude an uns veräußert wurde. Mit allem hatten wir gerechnet, aber so was? Miteinemmal wollten die Nachbarn nicht mehr mit uns reden, obwohl wir uns bis dahin gut verstanden. Ich versuchte mehrmals, ins Gespräch zu kommen, um sie zu überreden, uns gemeinsam mit dem Vorschlag an die Gemeinde zu wenden, dass jeder seine Haushälfte kauft, aber vergeblich. Der intelligente? Mann schrie mich aufgeregt an „Es ist einfach nicht zu fassen, wir wollten das Haus schon lange kaufen und jetzt kommt ihr aus Russland und kauft uns das weg". Ich sagte, dass wir für das ganze Haus mit dem Geld nicht auskommen würden und dass wir es mit ihm doch vorher anders besprochen hätten. „Das ist jetzt euer Problem", antwortete er kurz und ließ mich einfach stehen. So nahmen wir einen großen Kredit auf und kauften das ganze Haus, samt der netten Doktorfamilie. Am 17. 09.93 wurde das Haus von der Gemeinde aufgelassen und am 30.12. 93 auf unseren Namen ins Grundbuch eingetragen. Jetzt hatten wir einen Haufen Schulden, die eigentlich für uns auf Dauer nicht zu verkraften waren. Nach weitgehenden Überlegungen entschieden wir uns dann am 14.02.94, die eine Haushälfte an die Familie Müller zu verkaufen, die wir aus dem Sprachkurs in Waldbröl kannten. Es dauerte ganze zwei Jahre, bis sie das Glück erlebten, in ihre eigene Haushälfte einzuziehen. Vorher gab es aber noch einen langen Briefwechsel und ein Gerichtsverfahren. Der Anwalt der Gegenseite äußerte sich spontan und offen „Das ist es ja, ihr seid kaum in Deutschland angekommen und wollt alles, und was bleibt für uns?" Daraufhin ermahnte ihn der Richter, auf seine Äußerungen Acht zu geben. Das war mal wieder ein Schlag unter die Gürtellinie, aber alle außer dem Richter taten so, als ob es niemand merkte. Das Urteil hörte sich an wie ein Scherz: die Müllers mussten eine Abfindung von 3000 DM an die Doktorfamilie zahlen, da dieser die Kosten für den Umzug nicht zumutbar ist. Dabei zogen sie nur 11 Kilometer weiter nach Ibbenbüren. Im Februar 1996 zogen unsere Nachbarn dann doch endlich ein. Es dauerte nicht lange, bis wir dann doch noch zu spüren bekamen, dass diese Geschichte mit dem Hauskauf ein Nachspiel für uns hatte. Es wurde im Ort, auch in der Schule, viel darüber geredet, dass es ungeheuerlich und gemein sei, dass wir Aussiedler es gewagt hätten, der Lehrerfamilie das Haus wegzukaufen. Bestimmt hatte dieser Klatsch Einfluss auf die Entscheidung der Lehrerkonferenz, dass Diana wieder einmal keine Empfehlung für das Gymnasium bekam. Ich wendete mich sofort an den Klassenlehrer Herrn Raschke, der mit Diana sehr zufrieden war und sich so äußerte „Diana ist toll, sie ist, einfach Spitze". Wenn er jetzt jeden einzelnen Lehrer persönlich fragen würde, würde er sagen, sie schafft das Gymnasium. Ich bat ihn, sich für Diana einzusetzen, worauf er mich wiederum im Gegenzug um Verständnis bat und sagte, dass er nur ein kleiner Lehrer sei und dass es für ihn negative Folgen haben werde. Die Musiklehrerin aus Ibbenbüren, Frau Janssen-Müller sagte mir, Diana gehöre aufs Gymnasium, weil sie sehr intelligent sei und über ein großes Arbeitsvermögen verfüge. Außerdem werde sie auf dem Gymnasium mehr Verständnis für ihre musikalische Leidenschaft finden. Dianas Klassenkameradin Anja Ruholl äußerte sich damals spontan: „Sie ist besser als ich, oder mindestens so gut, und ich kann das einfach nicht verstehen, wieso sie nicht auch aufs Gymnasium darf. Als ich den Direktor, Herrn Krug, mit diesen Argumenten ansprach, lehnte er Dianas Wunsch, aufs Gymnasium zu gehen, strikt ab. Er sagte, dass all diese Meinungen für ihn überhaupt keine Bedeutung hätten und tat so, als ob unser Wunsch Unsinn sei. So verblieben wir und gingen in die Sommerferien. Eine Woche vor dem Schulanfang machte ich einen Termin und ging wieder zu Herrn Krug, aber vergeblich. Dann sagte ich ihm, dass wir unsere Tochter nach Ibbenbüren aufs Goethe-Gymnasium schicken wollten. Er antwortete, dass sei unser Recht und schickte mich ins Sekretariat, wo Herr Raschke, der Klassenlehrer, angerufen wurde. Die Sekretärin machte die Abmeldung fertig und ich musste sie unterschreiben, dann sagte sie mir, dass ich morgen um 15 Uhr die Empfehlung abholen könne. Wir setzten uns ins Auto, holten zu Hause Dianas Zeugnisse ab, fuhren nach Ibbenbüren und meldeten sie am Goethe-Gymnasium an. Uns wurde gesagt, in welche Klasse sie käme, wir bekamen den Stundenplan, die Schulordnung und fuhren glücklich nachhause. Am nächsten Tag wurden wir vom Goethe-Gymnasium angerufen und man sagte mir, dass Herr Krug sich vor kurzem über unsere Anmeldung erkundigt habe und dass er keine Empfehlung geben werde. Es täte im Leid, aber wir sollten unsere Anmeldung zurücknehmen, da sie keinen Ärger mit ihm haben wollten. Wir wussten nicht, was wir tun sollten. Diana weinte die ganze Zeit, dann fuhr ich zu Frau Janssen-Müller, um Rat zu holen. Sie war nicht zu Hause, aber ihr Mann, der Direktor der Musikschule war da. Ich erzählte ihm die ganze Geschichte und zeigte ihm Dianas Zeugnis für die sechste Klasse. Er wunderte sich, dass sie bei solchem Zeugnis keine Empfehlung bekommen hatte. Dann schrieb er so etwas wie eine Empfehlung an das Goethe-Gymnasium und sagte: „Vielleicht hilft Ihnen das". Und er äußerte noch, dass der Direktor ein verständnisvoller Mann sei. Ich machte einen Termin zum 13. August für 11 Uhr und wir fuhren mit Diana wieder mal zum Goethe-Gymnasium. Der Schulleiter sagte trocken, tue ihm leid, aber er habe keine Zeit für uns und dass Herr Krug mich genügend beraten habe. Ich fragte verzweifelt: „Was sollen wir denn jetzt tun. Übermorgen fängt die Schule an und wir sind bei der Fürstenberg-Schule abgemeldet worden. Und sie melden uns jetzt auch ab." Das müssen Sie jetzt selber wissen. „Von mir aus können Sie Ihre Tochter auch auf die Hauptschule schicken. Es ist nicht mein Problem". Diana kamen die Tränen und sie sagte: „Vater, bitte, gehen wir." Im Auto weinte sie und bat mich aufzugeben. Und sie sagte, dass sie wieder auf die Realschule in ihre Klasse gehen wolle. Wir fuhren wieder zu Herrn Krug, aber er hatte für uns keine Zeit mehr. Einen Tag vor dem Schulanfang bekam ich dann einen Termin. Mein Arbeitskollege, unser Betriebsrat Manfred Sandow, sagte zu mir als ich ihn um Rat bat: „Hermann, gib nicht auf, du bekommst dein Recht". Um die Tochter zu beruhigen, entschloss ich mich wieder mal klein zu machen und einfach aufzugeben. Als ich zum vereinbarten Termin kam und bat alles wieder Rückgängig zu machen, sagte der Schuldirektor auf meine Bitte überheblich Grinsend: „Ich kann Ihre Tochter leider nicht zurücknehmen, die Schule ist überfüllt. Habe für Sie überhaupt kein Verständnis, und will mit Ihnen nicht mehr reden." Dabei ging es nur darum, dass wir uns seinem Willen widersetzt hatten und er es genau wusste, dass er ungerecht handelte, aber er war Herr der Sache und konnte machen, was er wollte. Dann ging Vera am Nachmittag nach der Arbeit zu ihm und machte sich auch klein. Plötzlich wurde er nett und es gab wieder einen Platz für Diana in ihrer Klasse. Jetzt wurde uns klar, dass die Macht-Monopol-Maschinerie (M.M.M.) und das Telefonrecht auch ihren Gebrauch in der gepriesenen westlichen Demokratie haben. Dass es in diesem Fall nur darum ginge, uns Aussiedlern oder kleinen Menschen, wie einige es gerne sehen möchten, eins auszuwischen und uns unseren Platz zu zeigen. Aber jeder Eingliederungsprozess (Verfahren) ist hart und man muss die Kraft haben, die Schicksalsschläge überwinden zu können, um seine menschliche Würde zu behalten, um immer wieder

aufzustehen und weiterzukämpfen und dabei freundlich zu bleiben. Das war natürlich nicht der perfekte Fall der Nächstenliebe.
Fremdes Zitat; „Der Nächste ist der Mensch, über dessen Schicksal Du entscheiden kannst, der Nächste ist der Schwächere, dem Du helfen kannst".

Es gab aber in Dianas Schicksal im Jahre 1996 auch gute Ereignisse. Diana wechselte im April die Musiklehrerin. Auf Wunsch und Bemühung von Frau Gisela Horwath, die ihre musikalische Begabung entdeckte, wurde der Unterricht von einer Künstlerin, von Frau Janssen-Müller in Ibbenbüren fortgeführt. Schon bald konnte Diana in Konzerten und Klassenvorspielen teilnehmen. Die Prüfung im Jahre 1996 bestand sie mit 24 Punkten, mit einer Zensur „sehr gut" und wurde drei Klassen höher eingestuft. So kamen die Jahre und gingen. Wir sammelten Erfahrungen und wurden älter, die Kinder lernten und wir kämpften ums Allgemeine. Ich arbeitete wie zuvor als Schweißer bei Kock in Schale, Vera bei der Schönheitsfarm Lisa Recke. Da wir uns nur ein Auto leisten konnten, fuhr sie bei schlechtem Wetter das runde Jahr mit mir, mit dem Golf zur Arbeit. Und da müsste sie morgens fast zwei Stunden früher los, mein Arbeitstag begann sehr früh. So packte ich ihr Fahrrad in den Kofferraum und los. Zurück fuhr sie dann jeden Tag, 13 Jahre immer mit dem Fahrrad, machte Sport. Die Kinder sammelten sich wie gewohnt, aßen Frühstück und los zur Schule. Zurück kamen sie auch wieder ins lehre Haus, aßen was Mama abends gekocht hatte und machten Hausaufgaben. Normal waren nur die Wochenenden und Feiertage wo man zusammen zu den Verwandten nach Freckenhorst gefahren ist. Das alles war für uns allen normal, da von nichts kommt nichts. Irgendwann mal sollten die Kinder wie Papa Studieren, da wir außer gutem Kopf und Einstellung, fast nicht mehr aus dem NIRGENDSWO, wie uns Herr Krug aus der Realschule Recke später mal einstufte, mitgebracht hatten. Eines wofür wir Angst hatten war der Lebensverlauf in unserem so nicht einfachen Haushalt, wehe es jemand erfährt und die Behörde eingreifen kann. Der schlimmste war der Kleine penible Herr Lessel, der friedensstör der Aussiedler. Im Frühjahr 1997 verspürte ich zunehmend, dass mit meiner Gesundheit etwas nicht in Ordnung ist, schleichend verschwand das Gefühl in den Händen, zuerst in den Fingern der linken, danach in der rechten Hand. Ich fürchtete um meinen Arbeitsplatz und verheimlichte es neun Monate lang, bis am 29.04.1997 plötzlich während der Arbeit die rechte Hand gefühllos wurde und ich zum Arzt musste. So blieb ich von heute auf morgen ohne Arbeit und musste aufgrund meiner Krankheit die Erwerbsunfähigkeitsrente beantragen. Es war aber ein langer Weg bis zu der Rente, unendliche Untersuchungen und jahrelange Gerichtsverfahren und Widersprüche brachten endlich den Erfolg und ich bekam nach dem Ausländerrentengesetz 60 Prozent der normalerweise mir zustehenden Erwerbsunfähigkeitsrente. Die 1.198 DM im Monat, das war knapp, weil wir mit den Schulden für das Haus extrem belastet waren. Es waren schwere Zeiten angebrochen, ich konnte es irgendwie schwer verdauen und brauchte mehrere Jahre, um diese Lebenssituation zu bewältigen oder wenigstens zu akzeptieren, um psychisch damit klarzukommen. Inzwischen machte Alexander bei der Deutschen Bahn eine Berufsausbildung als Fahrdienstleiter, es hörte sich so an als ob das eine vielversprechende Tätigkeit sein könnte. Nach einer zweieinhalbjährigen Ausbildungszeit machte Alex seinen Abschluss als Fahrdienstleiter mit einem Durchschnitt von 1,4 und wurde aufgrund guter Leistung von der Bahn AG übernommen und im Netzbereich Lingen eingestellt. Aber davor wurde er noch nach Berlin eingeladen, wo die besten des Jahrgangs vom Vorstand der Bahn AG geehrt wurden. Das Stellwerk, wo er ein Jahr arbeitete, sollte aber aufgrund der Modernisierung geschlossen werden, so entschied er sich, vielleicht um nicht gekündigt zu werden, den Zivildienst zu beantragen. Am 02.05.2001 trat er dann den Zivildienst als Pflegekraft im Altenheim in Püsselbüren an, aber nach drei Monaten entschied er sich, die Stelle aufzugeben, weil das irgendwie nicht sein Ding war. Er konnte es schwer hinnehmen, dass alte und kranke Menschen, wie er sich äußerte, „misshandelt und gedemütigt werden". Inzwischen hatte er eine Stelle beim Roten Kreuz gefunden und wechselte dahin. Da musste er überwiegend Behindertentransporte übernehmen. Arbeit gab es da genug, besonders an den Wochenenden und Feiertagen. Es sammelten sich eine Menge Überstunden an, so dass er den Zivildienst vorzeitig am 10.01.2002 beenden konnte und seine Arbeit bei der Bahn fortsetzte. Jetzt arbeitete er als Springer im Streckenbereich Holzhausen, Lübbecke, Espelkamp, Raden. Nach einem Jahr und drei Monaten Arbeit entschied er sich für eine Fortbildung auf einer Fachschule in Gotha, Fachrichtung Verkehrsmanagement, die er dann nach zwei Jahren erfolgreich beendete. Da sein Durchschnitt 1,9 war, konnte er ein verkürztes Studium auf der Fachhochschule Erfurt aufnehmen, wofür er sich dann auch entschied. Der Studiengang, Fachrichtung Transport und regionale Verkehrsgestaltung, sollte drei Jahre dauern und begann am 01. 10. 2005 beginnen. Diana wechselte am 16. Juni 2000 nach erfolgreichem Realschulabschluss an der privaten Fürstenbergschule Recke mit einem Durchschnitt von 1,9 als eine der besten ihrer Klasse aufs Gymnasium, das sie am 23. Juni 2003 mit gesamtpunktzahl 419 und Durchschnittsnote 3,1 beendete.

Wir nahmen ihren Abiturabschluss mit Stolz an, als Bestätigung unserer Würde. All die Strapazen der Schuljahre hatten wir und unsere Kinder irgendwie als erniedrigend und deprimierend empfunden. Der Leistungsdruck, den wir als Aussiedler aushalten mussten, war enorm hoch, weil man immer wieder nachweisen musste, dass man mindestens nicht schlechter ist als die Einheimischen, die nicht einmal die geringste Vorstellung hatten, was das bedeutet, von heute auf morgen die Seiten zu wechseln, mit all dem Drum und Dran, das damit zusammenhängt. Aber diese Kniffe kamen im Laufe der Jahre immer wieder, als ob sie uns einholen oder mindestens nicht verlieren sollten. Als Diana sich nach dem Abitur entschied, aufs Lehramt zu gehen, um Musik und Deutsch zu studieren, fragte ein Professor sie bei der Aufnahmeprüfung an der

Universität Osnabrück unbehaglich „Und wie stellen sie sich das überhaupt vor. Sie kommen aus Russland und wollen an einem deutschen Gymnasium unterrichten." Das war mal wieder aus unserer Sicht ein wenig zu viel, aber Diana schluckte auch diese Kröte und machte einfach weiter. Sie machte im selben Jahr noch eine Aufnahmeprüfung an der Westfälischen Wilhelms -Universität in Münster und studierte trotz der dreisten Vorhaltung das „alten Knacker" Deutsch und Musik für das Lehramt. So und nur so konnte sie im Laufe der Jahre, durch harte Arbeit ihrem Traum, einen Musikverbundenen Beruf zu erlernen, ein Stück näherkommen. Das war aber auch ein hartes Stück Arbeit. Erstens die Schule, dann zwei Mal in der Woche Musikschule, und das zwölf Jahre lang. Proben mit der Band, dazu kamen Auftritte mit einer Profi-Band, wo man ein wenig Geld dazu verdienen konnte. Außerdem komponierte und textete sie ihre Eigene Lieder.

Die Fahrt ins ungewisse.

Im Dezember 1990 war die Auswanderung der Deutschen aus dem Gebiet Ohrenburg nach Deutschland voll im Vormarsch. Auch Hermann Reimer entschied sich dafür, und die Familie machte sich in einer Nacht und Nebel Action auch auf den Weg in das weite ungewisse Deutschland. Gefahren wurde mit dem Zug Moskau - Paris mit Sack und Pack über ganz Osteuropa, über die gefallene Mauer, wo im Bahnhof Berlin West noch Grenzpolizisten in NVA Uniform besorgt rumliefen. Es waren drei Koffer und zwei Taschen Handgepäck, mit dem wenigen was man zu dem Zeitpunkt retten wollte, oder konnte. Das waren ein Silberbesteck für 12 Personen, ein neuer Weltmeister Akkordeon, den Hermann damals noch einiger Massen spielen konnte, eine kleine für uns eigentlich damals unbedeutende Ölmalerei auf Silberplatte - Ikone aus dem slawischen 17 Jahrhundert, die angeblich dem Besitzer Glück bringen sollte und dazu noch Teuer sein konnte. Geschenk vom Schwager. Selbstverständlich gehörten zum teuersten Gut der Familie unsere Mama Vera, der Sohn Alexander und die kleine Tochter Diana. Alex war gerade mal im ersten Halbjahr der vierten Klasse, Diana zweite Klasse. Beide kamen einfach an diesem Tag nicht mehr morgens zur Schule, und fuhren ungewollt ins ungewisse. So sind sie auch nie wieder im Leben zu ihren gewohnten Alltagstätigkeiten, Alexander zum Samboo (Verteidigungskunst ohne Waffe) Kampfringen gekommen, wo er doch als kleinster der Junioren Kampfgruppe von Peter Wittenberg richtig erfolgreich war. Diana hatte im gegen teil zu ihm das Glück sich ihrer Leidenschaft, der Musik auch in Deutschland weiter zu widmen. Sie spielte schon im Betriebskindergarten mit sechs Jahren auf Konzerten gut Elektroorgel - Faemie, wo Alex. dann auch immer wieder fleißig ein Lied aus einem Märchen, als Wolf gekleidet laut singen durfte. All das wurde für beide Kindern, auch diese Flucht von heute auf morgen, zu lebenslänglicher Erinnerung. Zurückgelassen und vermisst haben sie damals den Hund, den Amur, einen hartgesottenen Schäferhund, der die Imkerei von Vater und Onkel Andrej Janzen bei der Berufsschule rund um die Uhr bewachte. Die Schulzeugnisse wurden von Verwandten irgendwann mal später aus Russland nach Deutschland mit jemanden nachgesendet – überbracht. Es war auch nicht so einfach und selbstverständlich, wo die Familie doch ohne Erlaubnis der Behörde einfach abgehauen - geflüchtet war. In Russland zurückblieben waren, eine ganze Schar Mutters Verwandten, Oma Olga, Opa Nikolaus, Onkeln, Tanten, viele Halbbrüder und Cousinen. Besonders vermisst wurde Oma Olga. Sie war eine ruhige ausgeglichene Frau, an deren Statur die Last der Kriegszeit und das schwere Familienleben mit sieben Kindern und trinkendem Mann deutliche Spuren hinterlassen hatten. Nach vielen Jahren in Deutschland wurde die Last des Lebens in Russland zunehmend schwerer zu verdauen und man sehnte sich oft nach der Freiheit, nach dem Gestern. In der Familie Reimer war diese Last, der Vergangenheit immer wieder zu spüren. Besonders spürbar war sie für dem Alexander. Immer wenn sie mit Vater und Mutter im Takt von zehn Jahren nach Russland zu Besuch gefahren sind, merkte

Alexander es zunehmend. Und das war in den Jahren 1993-2003-2013 und noch zweimal in 2008 – 2011. Vater legte auf die Russland-besuche besonderen Wert. Er sagte oft, die Weisheit lautet - aus den Augen aus dem Sinn, und sofern muss man immer wieder die Orte seiner Kindheit aufsuchen und Würdigen. Da sind ja die Gräber unserer Ahnen, die ob und zu besucht und gepflegt werden müssen. Die unendliche Weiten Russlands, die Gastfreundlichkeit, die Freiheit wo man überall Angeln und baden konnte wo man will, wo es in jeder Pfütze Fische gab, die dir und allen gehörten. An jedem Ort am Fluss, konnte man Fleisch grillen, Lagerfeuer machen und Rasten, singen schreien und tanzen. 2009 waren Vater Alex und Diana auch noch in der Ukraine. Da besuchten sie die Verwandten, die Nachkommen von Onkel Jakob. Das war Vaters Onkel Mütterlicher Seite, der mal eine Ukrainerin geheiratet hatte und seit 1955 da lebte. In Herbst 1986 waren Alex mit Vater mit dem Zug auch schon bei denen zu Besuch. Das war das Jahr der Chernobyl Katastrophe in Prypjat. Irgendwann wahren alle dann immer wieder in Deutschland, in der neuen auserwählter Heimat, mit all seinen Prioritäten, mit seiner besonderen Ordnung, besonderen Regeln und Sauberkeit. Auf Vaters Wunsch, auf Wunsch der Familie begannen die Kinder mit dem Studium. Davor hatten sie beide erstmals lange und mühsam Kämpfen müssen um den Abschluss der örtlichen Katholischen Privatschule Recke zu erringen. Diana studierte auf der Universität Münster Lehramt, Fachrichtung - Deutsch und Musik. Da Alex den zweiten Bildungsweg gezwungen gehen war, machte er zuerst die Berufsschule in Osnabrück, arbeitete dann zwei Jahre als Fahrdienstleiter bei der DB, danach das Fachstudium in Gotha - Thüringen, dann weiter Fachhochschule für Transport und Verkehrswesen in Erfurt. Somit waren beide dann endlich mal nach Jahren laut Vaters Wunsch und Steuerung endlich gut ausgebildet, und gingen voller Hoffnung ins Berufsleben. Jetzt konnte oder sollte man laut unserem Familien Wissen und Gewissen, heiraten.

Irgendwann mal, mit den Jahren fand jeder, der Familie Reimer seine wahre Liebe? den geeigneten Lebenspartner mit dem man sich es vorstellen konnte Kinder zu zeugen und denen eine glückliche Kindheit zu bieten. Die glückliche Familie mit Mama und Papa die sie uns Kindern mit allem Hohen und Tiefen vorlebten, sollten der Grundstein des Lebens werden. Sie gaben sich richtige mühe und lebten nach den von ihr Eltern erlernten Glaubensordnung. Einschränkungen die jeder Einwanderer einer Wohlstands Gesellschaft in meistens allen Familien erleben wussten. Sparsamkeit und Nachhaltigkeit, das war ihre Kindheit.

Nach diesem vorgelebten Muster wollten auch Alexander und Diana es Schafen ihre Familien aufzubauen, sie kannten ja fast nicht anders. Natürlich hatten sie einheimische Freunde aus sehr wohlstehenden Familien, wie der Transport und Bauunternehmer Lewe, örtlicher Juwelier Alkemaier und, und, und; noch Viele weitere vermögende Erben mit goldenem Löffel im Mund. Das war gut für die Motivation und Zielsetzung.

Geprägt von alldem was man bis zu dieser Zeit des Lebens erlebt hatte, machte Alexander sich immer wieder zunehmend Gedanken, wie Gestalte ich eine sichere finanzielle Zukunft meiner Familie?

RaskaSagen - **Kinderstreiche der 90er.**

RS<**Die MG. Patrone vom Mittellandkanalwald,** die Alexander mit seinem Spielkameraden und Schulfreund Andreas Hermes an diesem Nachmittag im Wald gefunden hatten war so mit Lehm und die Oxidativen - verdreckt das sogar Alex – der Jägersohn es nicht gemerkt habe, dass es eine Flack Patrone ist. Als ich ihn am nächsten Tag mit dem Ding spielen sah war ich richtig Erschrocken. Als ich ihm das Geschoss abgenommen hatte sah ich deutlich die eingestanzte Aufschrift Kaliber und die Zahl 1943. Als erfahrener Munitionsexperte, der seine Patronen schon mit 16 Jahre selber geladen hatte, entschärfte ich das Ding und zeigte dem Sohn wie Schießpulver brennt und Sprengt. Es hatte ein Unheil passieren können, wenn die Naturfreunde – Pfadfinder auch weiter mit dem Geschoss hantiert hätten dürfen. Gott sei Dank das ich zur rechten Zeit es gesehen habe, ich der Vater von Alexander Reimer aus seiner weiten Kindheit.

RS< **Die Hundemaile-Obersteinbeck,** der Tag zu einem stressigen Anlegen dem Umzug gewidmet wurde, hatten Falko und seine Angehörigen die Schnauze von alldem Stress der vergangenen Tage, so richtig voll. Sie waren auch enorm hektisch. Der weite Weg, die stundenlange Fahrt ins ungewisse machte meiner Hundewahrnehmung richtige Sorgen. Die alten Freunde die Umgebung wo ich groß geworden war, werde ich sie irgendwann mal wiedersehen? Angekommen mussten alle, auch meine Herrschaften sich erst mal die Füße vertreten und ins freien. Gustav mein treuer Freund und Beschützer nahm mich straff an die Leine und wir gingen Kurz zum Kanal. Da sollte ich mein Geschäft machen. Dieses Wort - Kanal hatte ich schon öfters mal gehört, es sollte Wasser und Freiheit bedeuten. Nach kurzen Laufstrecke gingen wir dann dem Kanalufer hoch und was für eine Idylle. Unterwegs zum Gewässer markierte ich einige Stellen. Die Aufregung, was auf mich zukommen sollte, tat das ihre. Es schien so auszusehen, dass es in dieser Gegend viele Hundehalter gab. Fast jede zehn schritte musste ich, und meine Blase war All, nichts mehr los. Entlang dem Kanal waren es noch mehrere Duftmarken die gesetzt werden wussten. Es schien ein Hundeparadies, eine Hundemeile zu sein. Jetzt aber zum Umzug. Als wir mit Gustav zurück gekommen waren war das meiste schon abgeladen. Der größte Teil der Sachen hatten ihre Etage, Zimmer, Ecke und Winkel gefunden. Ich als Hund musste mir auch einen angenehmen Platz in der Behausung sichern. So schlenderte ich von einem Zimmer zum anderen. Wie es mir so schien konnte ich bei Gustav hausen. Das war im ersten Obergeschoss wo er und seine Freundin leben sollten. War mir eigentlich zu diesem Zeitpunkt scheiß egal wo und bei wem. Hauptsache war das wir zusammen mit Gustav öfters die von uns begehrte Ausflüge ins freien genießen konnten.

Langsam pendelte sich dann alles ein. Alle Einwohner vom Töddenweg …..... gingen täglich fleißig zur Arbeit und wir mit Gustav Fidler, meinem Untertanen, waren die Herren im Hause. Die Gegend dieses Fremden Reviers am Mittellandkanal mussten wir mit Ihm langsam Erkunden und erobern. Es schien mir, dass unsere Ausflüge zur Hundemeile ihren normalen Lauf genommen hatten und dass alles für immer so bleiben wird. Aber wie man so Sagt, der Schein Trügt. Eines Tages war Gustav nicht mehr da, ausgezogen. Ob in zu kam er dann in den nächsten Tagen mal vorbei und wir hatten unsere Freude. Es wurde aber immer Seltener und ich musste straff an der Leine Spazieren gehen. Baden dürfte ich auch nicht mehr so oft. Vom Kaninchenjagen? das konnte ich überhaupt vergessen.
Was mir blieb das war, wen ich entlang der Ligusterhecke der Nachbarn die auf dem Weg zur Hundemeile lag mir das Fell gut mit wohltuendem Genuss kratzen ließ. Wo bist du mein Gustav? ich brauche dich. Wo seid ihr? Ihr Kanalräuber;
Franz und Edi
Wolfgang und Bodo
Theo und Sina
Ingo mit Cali

Die Nachbarschaft
Bärbel mit dem lieben Jerri
Die freche Ella von der Pferdekoppel
Konstantin mit der Blondie Desi
Hermann der dicke mit seinem Gehstock
Euer freundlicher, furchterregender Hund – Falko.

Der Familienspruch an der Wand. *Mit diesem Spruch, der in gotischer Schrift auf einem breitgeformten Brett aufgetragen ist, ist manch eine Generation unserer Vorfahren von der Seite Dick, Gerzen, Faust, Tessmann, Isaak, Reimer, groß geworden. Jahrhunderte hing dieser Spruch im Gästezimmer der Eltern oder Großeltern der Familie, in deren Besitz er gerade war. Wer diesen Spruch angefertigt hat und wann er in den Besitz unserer Vorfahren gekommen ist, darüber schweigt die Geschichte, aber eins ist sicher: Wenn er sprechen könnte, hätte er viel zu erzählen. **Der Mensch braucht ein Plätzchen, und wahr es noch so klein, von dem er kann sagen „Sieh her, das ist mein. Hier lebe ich, hier lieb ich, hier ruhe ich aus, hier ist meine Heimat, hier bin ich zu Haus."** Im Jahre 1973 ließ meine Mutter den Spruch von einer jüdischen Malerin restaurieren. Von diesem Augenblick an strahlte das Motiv wieder in seinem ursprünglichen Glanz. Auf einem Panoramabild sieht man ein altes*

32

deutsches Fachwerkhaus mit Terrasse. Weit entfernt eine Gebirgskette und unten vorne einen Fluss. All das ist von Klätern Rosen umrankt und auf so eine Art geschmückt. Dieses Panorama Motiv ist mit einem Spruch ergänzt. Nach all den Jahren in der Fremde gelang es uns, diesen Familienspruch im Jahr 1993 aus Russland in seine vermutliche Heimat, nach Deutschland zurückzubringen. Und hoffentlich findet er hier seine Ruhe.

Am 14. September 1954 wurden die ganze deutsche Siedlung und die umliegenden Dörfer plötzlich zur Evakuierung vorbereitet.
Frühmorgens wurde im Rundfunk durchgesagt, dass alle nur das Notwendigste packen sollten. Worum es überhaupt ging, wusste die Bevölkerung nicht, und es herrschte enorme Unruhe. Es wurde befohlen, dass niemand die Häuser ohne Kommando verlassen dürfe. Was überhaupt los war, erfuhren alle, nachdem es gekracht hatte. Um 9 Uhr 34 Min. gab es einen strahlenden Blitz, dann krachte es. Von der enormen Druckwelle gab es einen solchen Luftzug, dass die

Türen im Haus aufsprangen und die Fensterscheiben zerplatzten. Danach konnte man den Atompilz von der Explosion sehen. Alle im Hause waren für einen Augenblick wie erstarrt, die Folge einer Mischung von Angst und Schock. Nach einer Pause machte Großvater wie üblich seinen Witz. Und das ist alles? Er sagte das, obwohl er selbst bestimmt auch die Hosen voll hatte. Zu der Zeit wusste noch niemand im Dorf, was eine Atombombe überhaupt ist, geschweige denn, welche Folgen sie haben würde. Nach einiger Zeit wurde es draußen neblig, die Sonne sah jetzt so aus wie der Mond bei

Vollmond. Von der Straße konnte man jetzt eindeutig Motorengeräusche von Autos und Motorrädern hören. Alle merkten, dass es vorbei sein konnte und bewegten sich aus den Häusern auf die Straße. Es herrschte allgemeine Aufregung und man sprach nur von dem Krachen und Blitzen und von wo wohl dieser Nebel oder Rauch kommen mochte. Niemand hatte auch nur die geringste Vorstellung davon, in welcher Gefahr er sich befand. Marschall Schukow äußerte sich später so „Wir haben diese Gegend nur deswegen für diesen Atomtest ausgesucht, weil sie uns an Deutschland erinnerte." So wurden Tausende von Menschen dank des unsinnigen Wettrüstens der Systeme und der „lieben" Arbeiterpartei K.P.D. S.U. bewusst ohne Rücksicht auf spätere Folgen als Versuchsobjekte missbraucht.

__Meine Gedanken und Ausführungen__: Die Stolpersteine der gesellschaftlichen Strukturen Deutschlands an der Schwelle des 21. Jahrhunderts.
Hindernis 1 - **Die ausgebaute Mehrklassengesellschaft,** deren Grundlage die veralteten, verkrusteten, sozialklassengerichttaten, mehrstufigen Schulstrukturen sind.
Hindernis 2 – **Die Multi - Kulti Spiele der Politik, die radikal tabuisiert werden müssen,** um die Politisierung und Polarisierung der Frage des Zusammenlebens verschiedener Nationen zu unterbinden.
Hindernis 3 – **Die wachsende Kluft zwischen Arm und Reich**, die nationale Polarisierung entsteht im unteren Milieu der Gesellschaft. Von beiden Seiten bildet sich so eine Stammtischmentalität, die das Hassdenken verallgemeinert und schürt.
Hindernis 4 – **Fremdenhassspiele in den Medien durch Vorurteile** der Gesellschaft müssen weg. Einwanderung <bei vorsätzlichen Verstößen gegen die Lebensweise und Gesetze unseres Landes> sofort ohne Polemik raus.
Nur so, ein Gedanke. Nichts und niemand ist so schlecht, dass <er > nicht zu etwas gut ist?

Karma die der Buddhismus lehre, < jede Aktion erzeugt eine Reaktion > und wiederum < jede Reaktion erzeugt eine Aktion >, woraus folgt - jede gute Tat die du vollbracht hast dir und deinen Nachkommen zugutekommen wird - **und umgekehrt.**

Meine Antwort auf Meine Fragen – *die Leidenschaften meines Lebens: Technik, Bienen, Naturheilkunde, Blumen, Musik.*
Meine größte Liebe – unsere Kinder Diana und Alexander.
Wen ich am dollsten vermisse – meine Mutter.
Was ich am dollsten hasse – die Ungerechtigkeit.
Was mir am meisten Gedanken macht – die Gemeinheit der Politik.
Der Mensch der mir am nähersten ist – meine Frau Vera.
Mein größter Wunsch – dass meine Kinder die Menschen nicht in böse und gute teilen, dass sie sie einfach unterscheiden können, um sich selber und denen zu helfen.
Kritik ist ein gefährlicher Funke, welcher eine Explosion des Hasses auslösen kann. Die einzige Möglichkeit eine streitige, Auseinandersetzung zu gewinnen ist - ihr auszuweichen. Man darf der Gegenseite niemals sagen „du hast unrecht oder du bist blöd", man muss ihm einfach die meiste Zeit reden lassen, einfach zuhören. Wenn man dann mit einer Meinung der Gegenseite nicht einverstanden ist, muss man den Gegner einfach bewundern und loben. Und dann gibt er in der Regel von selbst nach und du hast ihn auf deiner Seite.
Spruch von mir - <u>Hallo, wer seid Ihr? Ja, Ja Wir Einheimischen!</u>
Jeder einzelne von uns Reisenden war irgendwann mal einheimisch, aber oft entwickelt sich das Leben aber so dass plötzlich - Er selber zu einem Fremden wird. Genauso wie ein Sandkorn in der Wüste - vom Wind und Regen getrieben, vom Heimatort entführt, so fliegt es durch die Wüste wie Ich durchs Leben fliehe. ***Solange wir selber heimisch sind achten wir den Fremdling meistens nicht,*** weil wir einfach ein eigenes warmes Zuhause besitzen - wie karg es auch sei. Diese Unachtsamkeit grenzt mit Hochmut und ist ein Zeichen unserer

Schwäche. Das ist Mangel an Menschlichkeit und Nächstenliebe. So ist der Auftrag Gottes an uns Menschen auf den schwächeren Acht zu geben und ihm in der Fremde behilflich zu sein, damit du selber und auch deine Nachkommen mal geachtet werden.

Der Begriff Heimat *ist für mich in drei Dimensionen aufgeteilt.*

Erstens; **der Heimatort.** Das ist der Punkt auf der Karte, wo man geboren ist, wo die Bauchnabelschnur durchtrennt wurde.
Zweitens; **die Heimat.** Das ist die Gegend, das Land, wo es dir und deinen Nächsten gut geht, wo du den bedeutendsten Teil deines bewussten Lebens gelebt hast.
Drittens; **die wahre Heimat.** Die wahre Heimat ist da, wo du geboren bist, das Glück hattest aufzuwachsen, zu heiraten, deine Kinder großzuziehen, wo du und deine Angehörige den Weg zum Reich Gottes gefunden haben.

Relativitätstheorie des Denkens von Hermann Reimer.

Wenn man alle Ereignisse der Natur, unser Umfeld im allgemeinen zusammenlegt, sieht man, dass der Mensch immer dazu neigt, geneigt hat - all das was für ihn unerklärbar und Geheimnisvoll wirkt oder klingt, als Überdimension betrachtet. *Stichwort – Außerirdische, Zauberei, Mystik, Omen.* **Realität ist aber -** solange eine Persönlichkeit unerklärbare Dinge oder Ereignisse mit seinem Wissensvermögen und geistigem zustand nicht umfassen oder verkörpern kann, ist deutlich erkennbar - es gibt gravierenden Mangel an Glauben. Wenn man aber fest an eine Sache Glaubt, und das mit dem festen Glauben an Gott verbindet, dann nimmt man die Dinge und die Realität so wie sie kommen und alles ist plötzlich erklärbar wie das Omen.
Wie Unbegreiflich sind seine Gerichte und Unerforschlich seine Wege
B. Röm. 11.33

Jeder Zufall, jede zufällige Begegnung im Leben ist ein Geschenk Gottes, und unsere Pflicht ist es, daraus etwas Anständiges zu machen.

Von Vivi Lui, estnische Schriftstellerin ,,Je mehr Punkte auf der Welt du kennen lernst, je schneller begreifst du, dass jeder Ort gleich wichtig ist, dass überall die Heimat von jemandem und Dir ist.

Denkmal - 100 Jahre der Deutschen Am Süd Ural, Gebiet Orenburg - Donskoj.

Hier ist die Kapsel die aller plattdeutschen, vor der Auswanderung nach Deutschland, zur Ehre der verschollenen und ausgewanderten eingemauert.

Die Realität der langersehnten Heimat, Zukunftsgeschichte.

Der Anfang, die Zukunftsgeschichte der jüngeren Heimkehrer in Deutschland liegt weit in der Vergangenheit. Sie ist als Folge der deutschen Volkerwanderung damals und heute durch Europa und Asien zu betrachten. Diese junge Generation, die Kinder der Auswanderer damals aus Deutschland nach Russland, und später nach 260 Jahren die Heimkehrer zurück nach Deutschland, nehmen an der Gestaltung der neuen Heimat heute aktiv teil, und werden es auch weiter tun. Voller Optimismus scheuen sie keiner Arbeit, lernen, nehmen Kredite auf, bauen Häuser. Natürlich hat es diese Jugendliche von heute in ihrer neuen Heimat oftmals spürbar getroffen. Die letzte Jahrhundertwende 20 - 21, die Digitalisierung, die enorme Geschwindigkeit der Entwicklung neuer Technologien, die Globalisierung allgemein, Drogen, der Dialekt und, und, und. All das prägt ihrer Haltung gegenüber dem neuen Rundherum bedeutend schädlich, auch im Alltagsleben in dieser so neuen für Sie Welt.

Unser Hof in Obersteinbeck - Deutschland, unsere Walheimat.

Walheimat Obersteinbeck;

Unser herzliches Dankeschön an die Gemeinde Recke, die Sankt Martin und Fürstenberg Schulen, an alle Mitbürger von Obersteinbeck, die uns das richtige Einleben und Gedeihen in Deutschland ermöglicht haben. Unseren dank richten wir auch an Frau Ansorge, Herr Hagemann, Herr Robbe, Herr Herkenhof, Michael Üffing, die Einheit Am Bauhof der Gemeinde, damals und heute. Meine Anerkennung an alle Mitstreiter und Passanten von der Daut Diskussionssitzecke - Notruf 023 Am Kanal - Gustav Fiedler, Caris Wolfgang, Teo, Onkel Franz Placke, Ingo Balzereut, Gerald Schürmann, Doktor Giers, Erich Brügemann, alle Nachbarn - Günter Neumann, Winfried Strauß, Konstantin Müller, Familie Forsthofer, Hausmeister Familie Bertram Bar.

Unser besonderer Respekt an die Familien; Ostendorf Marija und Ewald. Malis Göbel und Alexander Skiba. Esau Aljona und Dimitrij, Dieter Bertram. Ferienhof Feldmann. Geflügelhof Brechwegs. Bauernhof Josef Hermes. Fensterbau Stermann.

Meine *Stammtisch Kameraden* - *Winfrid Strauß, Ginter Neumann.*

Kindheit und Jugendfreunde von Diana - *Anja Ruhol, Daniela Kantak.*

Alexander - *Denis Degraf, Mark Ojgelklaus, Alexander Aden, Andreas Hermes, Philip Lefmann.*

Mittellandkanal bei Obersteinbeck.

Buch von Hermann Reimer. (*04.09.1949) – Unser Walheimat, Recke – Obersteinbeck, aus der Buchreihe „Der Mensch und die Menschheit". *11.11.20*

Der weite Weg hat sich gelohnt, sagt jeder der sein Ziel erreicht hat.

Impressum

Bibliografische Information der Deutschen Nationalbibliothek: Die Deutsche Nationalbibliothek
verzeichnet diese Publikation in der Deutschen Nationalbibliografie; detaillierte bibliografische
Daten sind im Internet über dnb.dnb.de abrufbar.

© 2021 Hermann Reimer
Herstellung und Verlag: BoD – Books on Demand, Norderstedt
ISBN: 978-3-7534-6333-9